Dieren voor de spiegel

Riet Wille
Tekeningen van Riske Lemmens

Zwijsen

Rijmen rijmen

De krabben krabben,
ze hebben veel jeuk.
De vliegen vliegen,
dat vinden ze leuk.

De spinnen spinnen,
ze weven een web.
De vissen vissen,
ze nemen hun net.

De gieren gieren,
ze hebben veel lol.
Zo rijmen dieren,
dit versje eivol.

Veel geluk

Een beer
likte ijs
en werd een ijsbeer.

Een hond
zwom in zee
en werd een zeehond.

Een koe
graasde koek
en werd een koekoek.

Maar wie had het meeste geluk?
Dat was een eend.
Hij speelde mee in een filmpje
en werd beroemd als Donald Duck.

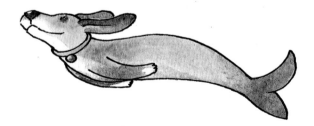

Druppels roze

1 smalle gleuf
2 gaten in een platte neus
3 krullen in een gekke staart
4 korte poten om op te lopen
5 euro's in stukken van één of twee

Voeg daar een paar druppels roze bij,
en jij krijgt een spaarvarken van mij.

Zoek maar

Zit er een aap
in schaap?

Zit er een ezel
in wezel?

Zit er een koe
in kalkoen?

Weet je wat ik zou doen?
Neem een bril en zoek snel,
jij vindt die dieren wel.
Zo niet, dan ben jij een oen!

Veel stukjes

Van de walvis
neem ik een plakje w.

Van de otter
neem ik een brokje o.

Van het rendier
neem ik een restje r.

Van de schildpad
neem ik een sneetje s.

Van de tijger
neem ik een stukje t.

Goed door elkaar roeren,
er kruiden aan toevoegen.
En als het even kan,
ook bakken in de pan.

Wat heb ik dan?
Worst.
(En dorst.)

Even passen

De neus van een dolfijn,
de staart van een konijn.
De bek van een reiger,
het vel van een tijger.
Het schild van een kever,
de poot van een bever.
De veer van een fazant,
de kop van een eland.
Het oor van een vleermuis,
wat groen van een bladluis.

De dol-ko-rei-tij-ver-be-fa-land-vleer-luis
ging even voor de spiegel staan,
maar is gauw, gauw weer gegaan.
1, 2, 3, 4, 5, 6, 7, 8, 9, 10.
Hij was heel gewoon ...
niet om aan te zien!

Weg beest!

Het heeft wel zeven handen,
en mesjes aan zijn tanden.

Als het woest is, spuwt het vuur,
soms drie nachten en een uur.

In zijn ogen flitst een bliksem,
en het dondert met zijn adem.

Denk jij
dat dit niet kan misschien?
Kom dan zelf maar eens zien.
's Nachts in mijn dromen
mag jij ook eens
op bezoek komen.

Waar gebeurd

Op een nacht bij volle maan,
knipten alle sterren aan.
Ze gaven een gouden licht,
dat was een prachtig gezicht.

Toen brak een fel onweer uit,
met veel geflits en gefluit.
Sterren gingen op de vlucht,
een groepje viel uit de lucht.

Die sterren landden in zee,
de golven namen ze mee.
Het water ruiste 'gegroet',
zo kregen ze nieuwe moed.

Ja, zo is het echt gegaan,
zo zijn zeesterren ontstaan.

Dag beestjes

Ik hou van
mieren,
bijen,
muggen,
en luizen met veel dochters en zonen.

Maar niet als ze
bijten,
prikken,
steken,
of met hun gezin in mijn haar wonen.

Ra … ra …

Bij een geboorte
deel je ze uit,
en strooi je ze
op beschuit.
(muisjes)

Wie kronkelt daar door de tuin?
Als het warm is,
wil ze water sproeien,
zodat de sprietjes groeien.
(een slang)

Zij zit op een stokje,
met een heel zoet rokje.
Wil je haar kopen?
Dan moet je naar
de kermis lopen.
(een suikerspin)

Hij staat op drie poten,
en is van hout.
Hij die het doek van een schilder
stevig vasthoudt.
(een ezel)

Zonder poten loopt het,
in kronkels en bochten,
langs veld en hei,
langs bos en wei.
(een pad)

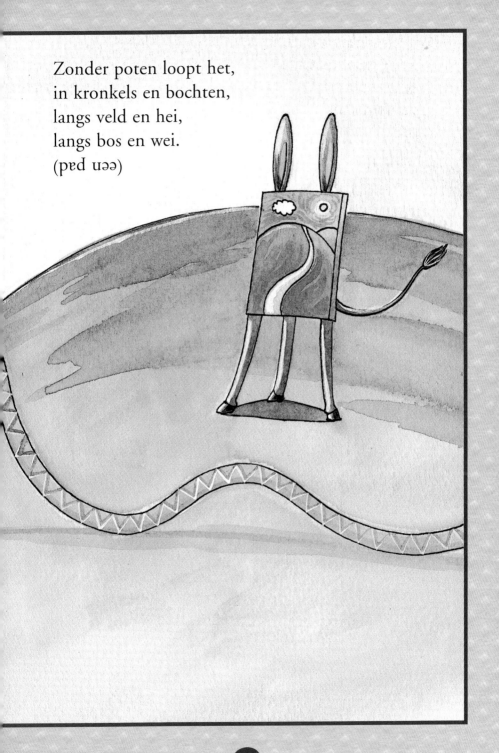

17

Op reis

'In de maand mei,'
zucht de zwaluw,
'is het zo druk voor mij.

Ik moet takjes sjouwen,
om een nest te bouwen.

Ik moet eitjes leggen,
lieve woordjes zeggen.

Ik moet eten zoeken,
en mijn jongen voeden.

Ik moet vliegles geven,
aan een kind of zeven.

Dus rond half september,
voel ik weer die kriebel,
en moet ik er eens uit.

Gauw pak ik mijn koffers,
neem mijn kinderen bij de hand,
en vlieg fijn naar een zuiders land.'

Opa en oma

Toen oma doodging,
kocht opa een hond.
Eentje met grijze krullen,
en een glimlach om haar mond.

Zij mocht mee naar bed,
keek ook graag teevee.
Ze gedroeg zich keurig net,
en mocht dus altijd mee.

Alleen dat blaffen
kon opa niet aan,
dat had zijn lieve vrouwtje
vroeger nooit gedaan.

Een kleurboek

Een pauw,
een kalkoen,
een kameel,
een patrijs,
staan in een kleurboek.

Blauw,
groen,
geel,
grijs,
komen op bezoek.

De kleuren rijmen goed,
zij weten hoe het moet.

Veel plezier!

Deze beestjes
heb je nodig voor
leuke feestjes.

Een postduif
brengt een kaart van straat naar straat,
waar 'ik nodig je uit' op staat.

Een kameel
draagt je vriendjes op zijn rug,
stapt het dorp door en terug.

Een wasbeer
maakt alles weer schoon en klaar,
en wuift 'dag kind, tot volgend jaar!'

Poes zoek

Een vraagje:

Wie zag poes met leuke snoet?
Ze is al drie dagen zoek.

Het dier heeft een grijze vacht,
en wandelt graag door de nacht.

Ze heeft een vlek aan haar oor
en luistert naar de naam Floor.

Als je zegt: 'Ik hou van jou,'
antwoordt ze zachtjes: 'Miauw.'

Haar baasje.

Grote mond

Weet je wat de schildpad zei?

Tegen de slang:
'Jij bent een meter te lang.'

Tegen de worm:
'Wat heb jij een gekke vorm.'

Tegen het paard:
'Er zit weer poep aan je staart.'

Tegen het kalf:
'Klein beest, jij bent nog maar half.'

Tegen de kreeft:
'Gedraag je toch eens beleefd.'

'Weet je wat IK hiervan vind?'
zei de spin.
'Jij bent geen schildpad,
 maar een scheldpad.'

Mijn huis

Een kikker woont in een plas,
een sprinkhaan in het gras.

Een bladluis woont op een plant,
een poedel in een mand.

Een fazant woont in het bos,
een kever in het mos.

Een forel woont in een meer,
een fruitvlieg op een peer.

Een veulen woont in de wei,
mijn knuffel dicht bij mij.

Een puzzel

Een hond en een haan,
een hengst en een teef,
een kip en een merrie
        paren
daar komen later dan
heel gekke kindjes van:
        een pupken
        een veupy
        een kuilen.

26

Mijn hondje

Ik ben het vrouwtje,
van een hondje
aan een strak touwtje.

Hij blaft geen woef of waf,
blijft altijd bij me
en doet alleen wat mag.

Hij komt mooi achter mij aan,
en als ik even stop
blijft hij stokstijf naast me staan.

Maar bij bergaf kan ik niet volgen,
dan wil mijn hondje pijlsnel
op zijn wieltjes naar beneden rollen.

Raketjes bij kern 11 van Veilig leren lezen

1. Een eiland met palmen
Annemarie Bon en Gertie Jaquet
Na ongeveer 33 weken
leesonderwijs

2. Dieren voor de spiegel
Riet Wille en Riske Lemmens
Na ongeveer 33 weken
leesonderwijs

3. Krijn en opa
Geertje Gort en
Joyce van Oorschot
Na ongeveer 33 weken
leesonderwijs

ISBN 978.90.276.6187.6
NUR 287
2e druk 2007

© 2005 Tekst: Riet Wille
Illustraties: Riske Lemmens
Uitgeverij Zwijsen B.V. Tilburg

Voor België:
Zwijsen-Infoboek, Meerhout
D/2005/1919/397